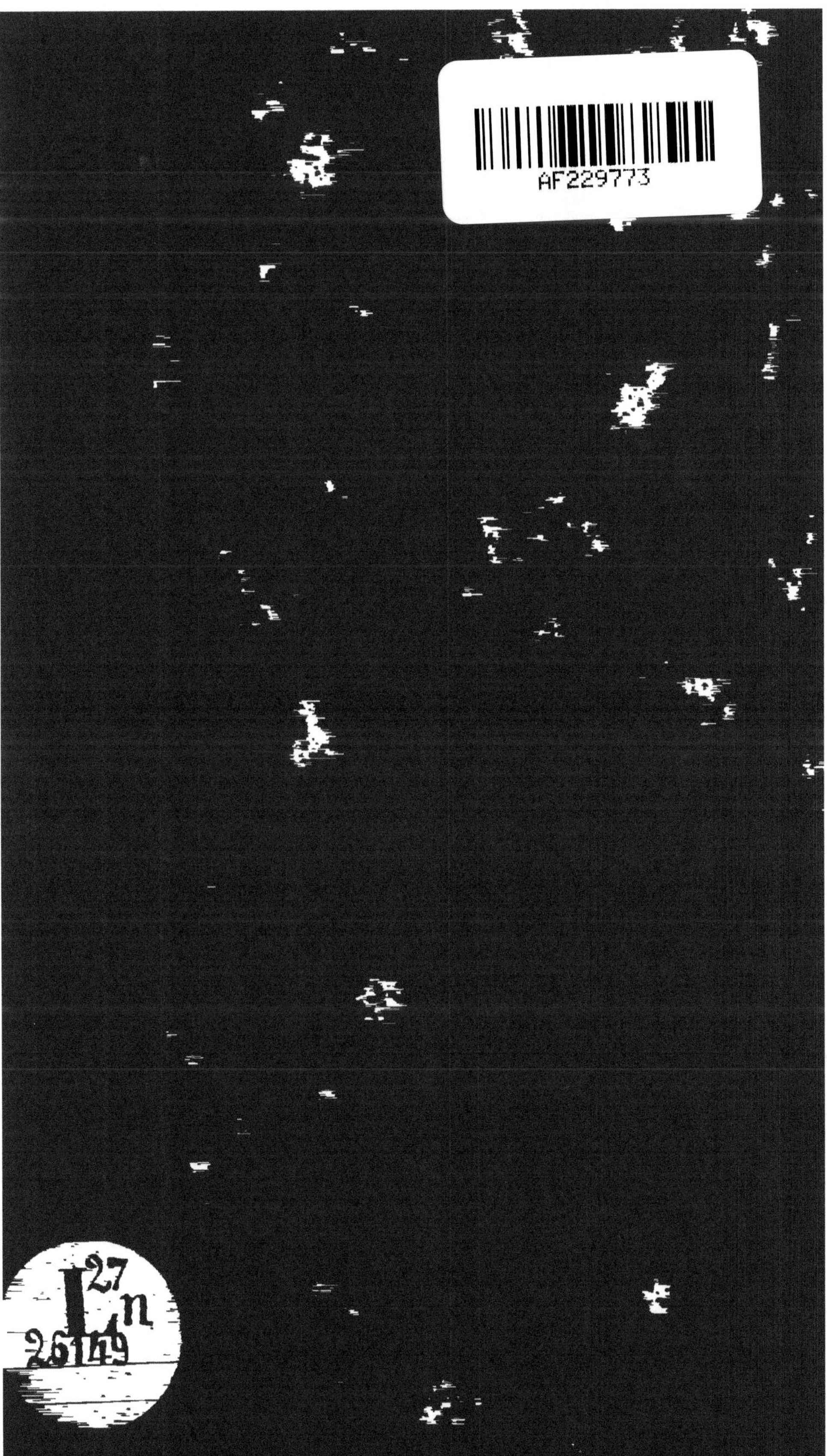

AF229773
27
L n
261.49

BIOGRAPHIE

DE

M. EDMOND LEMERRE

Sous-Officier

au 46e Régiment de marche (Garde Mobile du Nord),

mort glorieusement à la bataille de St.-Quentin

le 19 janvier 1871

ROUBAIX

IMP. J. REBOUX, RUE NAIN, 11.

BIOGRAPHIE

DE

EDMOND LEMERRE

Sous-Officier

au 46ᵉ Régiment de marche (Garde Mobile du Nord),

mort glorieusement à la bataille de St.-Quentin

le 19 janvier 1871

1871

Pourquoi faire la biographie d'un jeune homme, tombé comme tant d'autres pour la défense de la patrie, dans une année où nous avons eu de telles morts entassées !

De quelle utilité sera ce travail ?

Devant le monde de peu de valeur, —

Devant des amis d'un prix inestimable.

Or, ce travail n'est fait que pour des intimes, il ne s'adresse qu'à eux, —

Eux, qui ont perdu, dans Edmond Lemerre, un ami de gout et de discernement, et, disons mieux, un caractère, un exemple, un homme enfin ; et, dans le temps où nous sommes, c'est beaucoup perdre.

Son bon sens, sa fidélité à toute épreuve, sa générosité sans bornes lui avaient mérité, de ceux qui l'approchaient, un véritable culte.

Il avait de l'autorité dans le langage, parce qu'il avait une foi profonde dans le cœur; il puisait, dans cette foi, l'énergie pour tout ce qui est bien, la douceur pour tout ce qui est bon, la charité pour tout ce qui tient à l'humanité; c'est par ces qualités qu'il nous a plu, c'est pour ces qualités que nous l'avons aimé, c'est à elles que nous rendons hommage en parlant une dernière fois de celui qui fut notre ami.

Les morts sont couchés dans la pourpre du sang
et dans la majesté du silence, entourés de douleurs
sacrées. Sur eux coulent les larmes de la famille et
de la patrie. La famille est fière, la patrie n'est
point humiliée. Leurs larmes sont un baume qui
conservera ces cadavres augustes, une rosée qui
fécondera ces semences bénies. Dieu verse la vigueur
de l'espérance dans la plaie des sacrifices voulus et
des expiations acceptées. Semblable à la fumée de
l'encens, le parfum du sacrifice monte vers le ciel;
la vertu de l'expiation dissout le poids du péché;
les cœurs déchirés se remplissent de ce même arôme
de vie que leurs larmes font descendre au fond des
blessures mortelles. Entre les vivants et les morts,
s'échange un serment sublime de se communiquer
la grande vie, de se garder la grande gloire, de
vivre toujours par l'âme consolée de la patrie. Une
auréole se forme des vapeurs de ce noble sang, elle
éclaire l'avenir d'un sourire de victoire, et le champ
de carnage exhale les odeurs fortes et saines du
pressoir et de la moisson.

Louis VEUILLOT.

Quand, subitement retiré de ce monde par
un coup soudain de la Providence; quand,
violemment enlevé à l'amour de ses parents, à
l'affection de ses amis, un jeune homme, plein
de force et de santé, meurt à la fleur de l'âge,
que reste-t-il de lui pour ceux qui l'ont aimé?
L'espérance de le revoir un jour dans la patrie
céleste, et, en attendant, le souvenir !

Revoir en esprit ses traits aimés, entendre sa voix ferme et loyale, son rire si joyeux et si franc, se rappeler tant d'entretiens charmants, tant de causeries agréables, et par-dessus tout, se retracer à soi-même une vie si pure et si droite; voilà tout le souvenir, cette fleur de l'amitié et des regrets.

Heureux celui dont le souvenir n'éveille que des pensées d'espérance, ne fait répandre que de douces et consolantes larmes. Il n'est plus; mais le parfum de ses vertus nous reste, avec l'exemple du devoir noblement rempli et du sacrifice accepté avec courage et résignation.

Un jour, la France, humiliée, mais non abattue, a jeté, à ses enfants, un cri de détresse et d'angoisse : « A moi, s'écriait-elle, ô mes enfants, j'étouffe sous l'étreinte cruelle de l'Allemand superbe; si vous ne venez à mon secours, je meurs, et avec moi s'éteignent la générosité, le courage, l'honneur; si vous ne pouvez vaincre, au moins, sachez mourir, et le vieil honneur sera sauvé. » Et, ils partirent, et ils prodiguèrent leur sang pour la France. Le sourire aux lèvres, et l'enthousiasme au cœur, ils volaient au combat, disputant, pied à pied, le sol de la patrie aux farouches envahisseurs, jusqu'à ce que la balle prussienne, un morceau de plomb imbécile et inconscient, vint briser, en sa fleur, tant de jeunesse et de générosité.

Combien de ces jeunes héros ont donné leur vie sans murmure et sans regret! Et pourtant, c'est à cette mort affreuse par la balle prussienne qu'aboutissent vingt années de soins maternels, de préparation délicate, d'éducation chrétienne! Qu'importe? — Quand Dieu verra tomber tant de jeunes catholiques dans toute la blancheur de leur pureté, dans toute la flamme de leur foi, Dieu peut-être aura pitié de nous. Il y a de l'émotion au ciel quand un adolescent pur et chrétien périt en défendant la France.

C'est à l'un de ces généreux adolescents que nous voulons consacrer quelques lignes dictées par le cœur; nous, qui avons aimé Edmond Lemerre pendant sa vie, nous tenons à conserver après sa mort, pour l'édification de la jeunesse chrétienne, le touchant souvenir de son dévouement et de son héroïsme.

Edmond-Charles-Albert Lemerre est né à Roubaix le 19 novembre 1848. Il n'entre pas dans le cadre de cette courte biographie de raconter l'enfance d'Edmond dans ses moindres détails; elle s'est écoulée, en toute simplicité, près d'excellents parents qui ne négligeaient rien pour inspirer, à leur fils, une piété solide, et par-dessus tout, un sentiment exquis du devoir qui a été pendant toute sa vie l'unique guide de ses pensées et de ses actions. La droiture et la candeur furent les traits saillants de son caractère d'enfant; jamais le moindre mensonge n'effleura ses lèvres, et avec une naïveté touchante, il dévoilait à sa mère les sentiments les plus intimes de son jeune cœur. De bonne heure, ses parents le confièrent aux soins des Dames de la Sagesse; ensuite, il entra dans l'excellente institution de M. C..... où il commença à s'initier aux études sérieuses.

Vers l'âge de douze ans, Edmond fût mis en pension au collége libre de Marcq-en-Barœul, alors dirigé par MM. Crèvecœur et Lassé. Ceux qui l'ont connu pensionnaire, se souviennent d'Edmond comme d'un excellent camarade, prêt à rendre service à tous, franc, loyal, ne redoutant jamais d'avouer une espièglerie, dût-elle lui valoir une punition. Bien d'autres ont paru meilleurs qui ne l'égalaient ni en droiture, ni en franchise, ces qualités qui sont l'apanage du bon élève avant d'être l'auréole du bon citoyen.

Et si Edmond était favorisé des qualités du cœur, il ne l'était pas moins des dons de l'esprit. Travailleur sérieux, il approfondissait tout ce qui était proposé à son étude ; les sciences naturelles surtout lui plaisaient : aussi, y était-il très-entendu, et tous ceux qui l'ont approché de près, ont pu remarquer avec quel esprit observateur, avec quelle précision, et surtout quel amour de la science, il s'entretenait de physique, de chimie et d'histoire naturelle. Doué de ces précieuses dispositions, il ne pouvait manquer d'obtenir des succès dans ses classes, et par conséquent des couronnes, lorsqu'à la fin de chaque année on récompense le mérite et le travail.

Enfin, au mois d'août 1866, Edmond Lemerre fait son entrée dans la vie réelle. Tel il avait été pendant le cours de ses études, tel nous le retrouvons alors : bon, serviable, et apportant, dans ses rapports avec ses nouveaux amis, cette fleur de politesse et de tact unie à cette droiture inflexible qui faisait le fond de son admirable caractère. Tout ce qui n'était pas rigoureusement juste, ce qui pouvait le moins du monde s'écarter des règles de la loyauté, était immédiatement, par lui, relevé en termes nets, rendant toute réplique ou toute excuse impossible.

C'est dans ces dispositions d'esprit qu'il sollicita son admission parmi les membres du cercle Ozanam, société littéraire, fondée à Roubaix en 1865. Edmond y fut reçu à bras ouverts, et bientôt il devint l'un des membres les plus assidus et les plus dévoués de cette modeste réunion d'amis. — Le cercle Ozanam a pour but spécial de réunir, autour du même foyer, des jeunes gens attachés aux grands principes de la religion et de la morale, désireux d'oublier, chaque semaine pendant quelques heures, le tracas et le bruit des affaires, et de se rafraîchir l'esprit aux sources vives de la littérature, de l'histoire et de la poësie. — Edmond s'y fit bientôt remarquer par sa tournure d'esprit brillante et originale ; il avait toujours un aperçu nouveau à développer, une pensée piquante à exprimer. Et, pendant ces bonnes soirées d'hiver, lorsque le petit cénacle d'amis entourait joyeusement le foyer, on entendait le rire franc et sonore du cher Edmond ; sa gaité communicative gagnait de proche en proche et l'on passait à deviser agréablement des heures trop courtes et trop tôt écoulées.

Mais l'on songe à donner au cercle un certain développement, il faut, pour cela, grandir le local et procéder à une installation toute différente de l'ancienne. Edmond, récemment chargé des finances de la petite société, se dévoue tout entier aux travaux rendus nécessaires par ces dispositions nouvelles. C'est lui qui donne les ordres aux divers ouvriers, qui préside à l'aménagement des jeux et des meubles nouveaux, et bientôt de quatre murs tristes et dégarnis, il fait un *buen retiro* charmant, dont tout l'ameublement respire cette élégance, cette distinction exquise dont la nature l'avait particulièrement doué.

Il n'est pas possible d'entrer au cercle Ozanam sans donner un souvenir ému à cet ami si cher, qui faisait la joie et l'entrain de nos réunions, et sans jeter un regard attendri sur ce beau portrait, — offert aux membres du cercle par M. Charles Lemerre, — portrait qui rend si bien la noble et expressive physionomie de celui que nous avons perdu.

Pendant ces heureuses années, Edmond aidait son père dans la direction d'une fabrique de tissus ; de jour en jour son tempérament artistique, son bon gout naturel se développaient d'une façon remarquable et lui permettaient de s'immiscer de plus en plus dans ces

merveilleuses combinaisons de tissage, de des-
sins , de coloris qui ont fait depuis longtemps
la gloire de l'industrie roubaisienne. Et pour
se délasser de ces occupations sérieuses et
multipliées, quand il ne se rendait pas à ce
cercle Ozanam, auquel il avait voué tant d'affection, il s'adonnait, avec passion, à l'étude
du dessin et de la musique, deux arts qui
avaient le don de l'enthousiasmer au plus haut
degré.

Avait-il jamais songé à un changement possible dans son existence si calme, si fortunée,
près de parents chéris, au milieu d'amis sincè-
res et dévoués? pouvait-il ne pas sourire à un
avenir heureux? ne pas jeter un regard serein
et confiant vers les longues années de bonheur
et de prospérité que le ciel semblait lui pro-
mettre? Hélas! les premières épreuves pour
son cœur si généreux et si français commencè-
rent avec les malheurs de la patrie : ceux de
ses amis qui passèrent en sa société la journée
du 7 août 1870, se rappellent la consternation

dans laquelle il fut plongé, la profonde tristesse qu'il éprouva à la nouvelle des désastres de Forbach et de Reischoffen. Depuis ce jour néfaste, Edmond, qui toujours auparavant avait le sourire sur les lèvres et montrait une humeur d'une égalité parfaite, ne pouvait, tout en conservant son affabilité ordinaire, s'entretenir de la marche fatale des événements, sans entremêler ses discours de paroles amères et indignées. Aussi, l'appel fait par la Patrie à la jeunesse française trouva-t-il dans le cœur de notre ami un écho généreux, et quand la garde mobile du Nord reçut l'ordre du départ, Edmond quitta, non sans serrement de cœur, mais avec calme et résolution, ses parents, sa famille, ses affections.

Bergues fut sa première étape ; c'est là d'abord que tint garnison le 8° bataillon des mobiles du Nord, auquel appartenait Edmond, en qualité de sergent à la 3° compagnie. Dès le début, le 8° bataillon était exclusivement composé de jeunes gens de Roubaix et de Tourcoing.

L'apprentissage militaire du nouveau sergent ne fût ni long, ni difficile ; la vie du soldat est avant tout une vie d'obéissance et de devoir : or, Edmond Lemerre était l'homme du devoir ; cette ponctualité, ce respect de la consigne qu'il apportait dans tous ses actes, c'était sa nature, son véritable caractère. Certes, s'il eut fallu, pour faire un soldat, être homme de caserne et de corps-de-garde, le jeune sergent n'aurait eu souci de le devenir ; sa distinction naturelle eut répugné au sans-façon brutal et grossier du troupier sans éducation ; mais il en est autrement : le soldat, vraiment digne de ce nom, est un homme courageux, résolu, plein de respect et de déférence pour ses supérieurs, et de fidélité aux réglements militaires ; Edmond était de cette trempe.

Le séjour du 8ᵉ bataillon, dans la place forte de Bergues, ne fut pas de longue durée, et bientôt la ville de Landrecies reçut dans ses murs la jeunesse de Roubaix et de Tourcoing.

Là, nos soldats improvisés se mirent au courant de la théorie militaire ; Edmond mandait

à ses parents les progrès accomplis sous ses
yeux : « L'esprit des mobiles est excellent,
» disait-il dans une de ses lettres ; on nous
» exerce à la défense des glacis et aux retraites
» par les chemins dérobés. En plaine, nous
» formons, d'une façon superbe, le bataillon
» carré, ou bien nous faisons, avec une prestesse
» merveilleuse, des changements de front de
» bataille, sur des longueurs d'au moins quatre
» ou cinq cents mètres. »

Les premières semaines passées à Landrecies
ne furent pas heureuses pour nos compatriotes;
la petite vérole sévit avec violence dans les
casernes et les hôpitaux militaires, et bon nombre de nos braves mobiles moururent victimes
de la terrible maladie. Pour soustraire les
hommes encore valides aux atteintes du fléau,
ils furent envoyés, par détachements, dans les
divers villages qui avoisinent Landrecies. La
3ᵉ compagnie, dont Edmond faisait partie, fut
cantonnée à Bousics, petite localité, située sur
la lisière de la forêt de Mormal. Edmond commençait à trouver monotone la vie de garnison,

aussi, fut-il extrêmement heureux de séjourner
quelque temps à la campagne. « La vie que
» nous menons ici, écrivait-il, est faite pour
» détourner les idées noires et rafraîchir les
» cerveaux hébétés par la théorie militaire. La
» besogne est loin de nous accabler ; le pays
» est beau, le ciel clément pour la saison, et
» celui qui aime la promenade peut s'en donner
» à loisir. Je parcours en tout sens la forêt de
» Mormal, accompagné de quelques amis, et
» nous bavardons à qui mieux mieux le long des
» chemins, comme nous faisions jadis, à ce bon
» temps, qui, espérons-le, reviendra bientôt. »

Il écrivait encore : « Nous sommes vraiment
» favorisés d'une façon toute particulière, tandis
» que nos camarades, moins heureux, mènent
» une vie abrutissante à Landrecies, nous pou-
» vons nous promener tranquillement dans la
» campagne, deviser entre nous de nos parents,
» de nos amis, du cher Roubaix, sans crainte
» d'être troublés par les appels fréquents du
» clairon, par le roulement du tambour, enfin
» par tous les ennuis d'une vie de garnison.

» Les habitants de Bousies sont simples, aima-
» bles et bons; ils ne savent que faire pour
» nous être agréables, et si, par instant, nous
» ne brulions du désir de nous mêler aux com-
» bats et de contribuer pour notre part à la
» défense de la patrie, nous serions fort heu-
» reux. »

Pendant le séjour à Bousies, Edmond et les
trois autres sergents de la 3e compagnie, ses
amis autant que ses collègues, sollicitaient vivement l'honneur d'être désignés pour se mesurer
avec l'ennemi ; il semblait, à ces valeureux jeunes gens, qu'ils ne pouvaient, sans forfaiture,
goûter les douceurs de la vie champètre, tandis
que leurs frères partaient bravement au combat
et peut-être à la mort. En effet, le 8e bataillon
des mobiles du Nord se dirigeait par les voies
rapides vers la Picardie, et recevait vaillam-
ment le baptème du feu, près d'Amiens, à la
bataille de Villers-Bretonneux. Vers cette épo-
que, Edmond revint à Roubaix passer une
journée; c'était la dernière fois, hélas ! qu'il
revit sa ville natale et qu'il embrassa son excel-

lente mère! Il savait que le jour de l'épreuve approchait, que dans un avenir peu éloigné, il devait peut-être, lui aussi, offrir son sang pour la patrie; mais, au moment des adieux, point de pleurs, point de défaillances; le devoir l'appelle, il court, il vole : « Fais ce que dois, advienne ce que pourra. » C'était sa devise, et c'était sa réponse à ses parents chéris, quand ils lui manifestaient leurs appréhensions, leurs craintes.

« Fais ce que dois, advienne que pourra; » c'est là toute ta vie, ô généreux Edmond; c'était le mobile de tous tes actes, le but où tendaient tous tes efforts; tu marchais dans la voie épineuse et pénible du devoir, sans détourner les yeux, sans chercher à fuir ce qu'à de poignant et de terrible cette possibilité d'une violente séparation d'avec tout ce qu'on aime, et d'une destruction fatale de ses plus chères espérances.

Les événements se précipitent; les divers corps de l'armée de Faidherbe, qui va de

nouveau rentrer en lice, se mettent en mouvement, et le 46ᵉ régiment de marche, dans lequel
se trouve incorporée tout-à-coup la compagnie
d'Edmond Lemerre, est désigné pour chasser les
Allemands de Vervins. Mais l'expédition ne
réussit pas et nos mobiles reviennent à Maubeuge
se reformer, sans avoir vu un seul Prussien et
sans avoir tiré le moindre coup de fusil. Ils en
furent quittes pour des marches et des contre-
marches dures et pénibles pour beaucoup, mais
qu'Edmond accomplit avec gaité et vaillance.

« Je crois que le but de nos pérégrinations,
» écrit-il, est de faire croire aux Prussiens que
» nous formons ici un corps d'armée considé-
» rable, en nous montrant à la fois sur plu-
» sieurs points comme les comparses au
» théâtre. En somme, nous n'avons pas à nous
» plaindre : le métier que nous faisons depuis
» quatre jours, d'autres y sont assujettis depuis
» des semaines et même des mois. Et, quelle
» chance est la notre, d'avoir un si beau temps
» pour marcher !... Depuis trois jours, je ne
» reçois ni lettres ni journaux ; ils courent

» probablement après moi... Les malheureux !
» Comme ils seront éreintés ! »

Il est impossible d'accepter, de meilleure
humeur, une expédition aussi pénible que celle-
là ; soixante-dix kilomètres en deux jours ! c'est
bien fait pour harasser, pour anéantir l'individu
le mieux constitué ; il paraît qu'Edmond n'avait
rien perdu de son entrain habituel.

Pendant ce temps, l'armée du Nord se
couvrait de gloire à Pont-Noyelles, à Béhagnies,
à Bapaume, et la renommée apportait à Maubeuge, aux oreilles d'Edmond, le bruit de l'héroïque valeur des mobiles Roubaisiens. Il écrivait alors : « J'ai appris, avec bonheur, que
» nos amis E..... P...., P..... C...., etc.,
» ont eu l'heureuse chance d'échapper à tant
» de dangers; j'ai su leur belle conduite, la
» bravoure qu'ils ont montrée. Que n'ai-je pu
» combattre à leurs côtés! Pendant que je passe
» inutilement mon temps à Maubeuge, ces bra-
» ves amis risquent chaque jour leur vie pour
» la France; mon plus cher désir est de les

» rejoindre et de partager leurs périls. »

Partout, dans sa correspondance, se retrouvent ce sentiment inné de l'honneur, cet amour profond du devoir, cette aspiration constante vers le sacrifice ; ce n'est pas lui que l'on doit encourager : c'est lui qui encourage et qui réconforte : « Pénétrez-vous bien de la justesse » de cette maxime, écrit-il à ses parents : « Fais » ce que dois, advienne que pourra. » Malgré » mon peu d'expérience, je crois que c'est là » non-seulement le devoir, mais aussi la clef » du vrai bonheur. »

Il disait à sa sœur, après les premiers combats : « Je ne plains pas ceux qui meurent sur » le champ de bataille ; la conscience du devoir » accompli jusqu'à ses dernières limites, le » triomphe de tous les sentiments nobles et » généreux sur l'instinct de conservation et les » sentiments inférieurs doivent produire une » exaltation qui fait accomplir avec bonheur le » passage ordinairement si terrible du temps à » l'éternité. Réservons notre compassion pour

» ceux qui aiment ces morts et qui leur survi-
» vent. »

Les souvenirs de l'amitié tenaient aussi une
grande place dans ses lettres toujours si cor-
diales et si affectueuses ; d'ailleurs, un des
traits saillants du caractère d'Edmond, c'était
le dévouement porté jusqu'à la passion pour
tous ceux qu'il aimait ; et ce dévouement lui
paraissait si naturel, qu'à ses yeux, il n'était
nullement méritoire : « J'ai éprouvé un plaisir
» tout particulier, mandait-il à un de ses amis,
» à reprendre cette route de W*** que nous
» avons parcourue une fois ensemble. Tu devi-
» nes les pensées qui m'assiégeaient à chaque
» pas, et l'émotion que j'ai éprouvée en passant
» près de ce petit village où s'est scellée plus
» complétement notre mutuelle affection. Tu ne
» saurais croire avec quelle complaisance mes
» méditations se sont étendues sur ce sujet :
» l'amitié! C'est quand on est séparéde ses amis
» que l'on éprouve le plus vivement des émo-
» tions de cette nature. Je te fais part de mes
» réflexions, en me promenant philosophique-

» ment sur le quai de la station du chemin de
» fer, et je me complais à renouveler, 'par la
» pensée, en t'écrivant ces heures charmantes
» que nous avons passées ensemble. »

Vers le commencement du mois de janvier
1871, Edmond pressa vivement son père de
venir le voir à Maubeuge, avant son prochain
départ qui ne pouvait plus tarder. puisque le
46e régiment de marche était bien équipé et
parfaitement instruit. M. Ch. Lemerre partit
donc avec un ami de son fils et vint surpren-
dre Edmond dans la journée du 12 janvier.
Avec quelle joie, avec quels transports, il reçut
cette visite inespérée ! Aucun funeste pressentiment ne vint troubler son bonheur ; il était
tout entier au plaisir de se trouver entre son
père bien-aimé en qui il revoyait la famille, et
son ami qui lui rappelait tant d'heures joyeusement passées en compagnie d'excellents camarades. Avec quelle vivacité d'esprit, quelle
originalité d'expressions, il racontait à son père
ses nombreuses pérégrinations, ses marches,

ses contre-marches, ses fatigues et ces mille incidents pittoresques qui caractérisent la vie du militaire en campagne. Puis, il parlait de ses amis qui s'étaient déjà battus, il enviait leur sort et plein d'un bel enthousiasme, il s'écriait : « Quand pourrais-je aussi voler au combat. »

Cependant, les heures s'écoulent ; après tant d'entretiens intéressants, de délicieuses causeries, il faut se quitter, se dire adieu. Pour son père, pour son ami, l'inquiétude du lendemain est pour ainsi dire impossible ; Edmond est si fort, si robuste, si plein de confiance et de résolution. Le moment du départ est arrivé ; Edmond serre son père dans ses bras, et comme son ami lui présente la main : « Embrassons-nous, dit-il, c'est peut-être la dernière fois que nous nous voyons. » C'est la seule parole, dans toute sa carrière de soldat, qui ait pu faire supposer le pressentiment d'une fin prochaine.

Le lendemain, Edmond part avec son régiment pour Landrecies ; de là, il se dirige vers Le Cateau et Busigny. Le lundi 16 janvier, nous le trouvons de grand-garde près le pont de

Saint-Benin que les troupes françaises venaient de faire sauter. Arrivé à Saint-Quentin, le mardi, il est, le mercredi, aux postes avancés avec une partie de sa compagnie, pendant le combat de Vermand.

Il écrivait le 17 : « Nous avons manqué hier » un fort joli coup en n'arrivant pas le matin à » Saint-Quentin, selon les ordres de Faidherbe. » Nous n'étions, la nuit dernière, qu'à 15 kilo- » mètres environ de cette ville que devait en- » velopper l'aile gauche de l'armée du Nord, » divisée en trois corps. Les Prussiens à l'ap- » proche des nôtres se sont sauvés précipitam- » ment et dans le plus grand désordre, en lais- » sant quelques morts. Quant à nous, nous » sommes arrivés à deux heures ; beaucoup » d'hommes sont harassés de fatigue ; pour » moi, je suis bien chaussé et il me suffit de » quelques instants de repos pour me remettre » d'aplomb. »

Sa dernière lettre à ses parents, est datée de Saint-Quentin, 18 janvier 1871, 10 heures du soir : « Toute la journée, disait-il, nous avons

» entendu le canon ; depuis midi, on tire de 50
» à 60 coups par minute. Le résultat de l'action
» engagée est douteux. Nous avons fait avec
» 2000 hommes et du canon, une reconnais-
» sance du côté de la Fère. Je n'ai pas le temps
» de vous en dire davantage et je vous em-
» brasse de tout cœur. »

Que ne pouvons-nous citer surtout ces pas-
sages de correspondance intime ou il épanchait
en liberté, tout ce que son heureuse nature
recélait de tendresse et d'élévation, son imagi-
nation pure et cultivée, de grâce et de distinction native Mais une sorte de respect nous re-
tient et nous ne pouvons que nous écrier :
Lettres charmantes, lettres bénies qui nous
veniez apporter la joie et le bonheur, lettres qui
avaient le don de nous consoler de cette longue
absence et qui nous prodiguaient ces trésors
de sentiments et de pensées que le cœur d'Edmond renfermait, vous nous manquez depuis
de longs mois, hélas ! et vous nous manquerez
toujours !

Le jour fatal est arrivé ! Dès le matin du jeudi 19 janvier, on voyait s'ébranler l'armée française qui bientôt prenait position sur les hauteurs qui dominent Saint-Quentin. Le 8me bataillon des mobiles du Nord qui avaient porté la veille tout le poids de la journée de Vermand se rendait à sa place de combat, quand Edmond Lemerre rencontre ses anciens camarades : « C'est donc toujours pour vous que la chance est réservée, disait-il en les accompagnant à quelques kilomètres de la ville ; il ne me sera donc jamais donné de me mesurer avec l'ennemi. » Et, après leur avoir fait ses adieux, il rentre à Saint-Quentin retrouver son régiment. Tout-à-coup, au moment ou l'on y pense le moins, le clairon sonne le rappel, le tambour bat la charge ; le 46me régiment de marche doit occuper une position non loin de St-Quentin et prendre une part active à la bataille qui est engagée.

C'est la première fois que notre ami va se trouver au feu. Nous n'avons pu réunir que bien peu de détails sur cette heure décisive ou les plus braves entendent leur cœur battre plus rapidement dans leur poitrine et sentent une larme furtive mouiller leur paupière, mais, nous savons pourtant qu'Edmond marchait au feu avec la résolution qu'il apportait dans tous ses actes et le calme que donne une bonne conscience.

Bientôt, les mobiles du 46me arrivent sur le lieu de l'action ; une grêle d'obus les reçoit et ces jeunes gens inexpérimentés, au lieu de se déployer en tirailleurs pour offrir moins de prise à la mitraille se serrent les uns contre les autres et forment un tout compact et pressé, ou chaque boulet porte en laissant derrière lui un sillon sanglant. En vain, le capitaine ordonne à ses hommes de se disperser dans la campagne ; chaque fois que la mitraille arrive plus abondante, ils reviennent tous se serrer de nonveau, pensant soustraire leurs têtes à cette pluie de plomb et de feu. Il faut alors que les sous-officiers paient de leur personne; Edmond et ses trois collègues, obéissant à la voix de leur capitaine se séparent du troupeau compact que forment leurs hommes et viennent s'offrir isolés aux balles prussiennes. C'était s'exposer à un grand danger, mais, c'était sauver la compagnie; car les soldats voyant leurs chefs se dévouer eurent honte de leur faiblesse passagère et les suivirent.

Lorsque la colonne se fut déployée, les uns cherchèrent un abri derrière un talus, d'autres derrière un arbre, d'autres encore se faisaient d'une meule de blé un rempart assuré; Edmond restait debout, sans crainte, déchargeant son arme à coup sûr, et comme son capitaine lui criait: « Sergent Lemerre cachez-vous donc; vous servez de cible à l'ennemi » ; « Capitaine, répondait-il, laissez-moi faire; *je ne crains rien* »

Les mobiles du 46° avaient été posés le long de la route de Paris, afin d'interdire l'accès de cette voie importante aux renforts Prussiens, qui arrivaient toujours plus nombreux et menaçaient de couper la retraite à l'armée française. La petite troupe tint jusqu'à la dernière extrémité ce poste d'honneur, périlleux entre

tous, et ne battit en retraite qu'à bout de muni-
tions et se trouvant alors à deux ou trois cents
pas de l'ennemi. Le sergent Lemerre fut un
des chefs qui contribuèrent le plus à cette
résistance héroïque; il soutenait, réconfortait,
encourageait ses hommes et transformait ces
conscrits qui voyaient le feu pour la première
fois, en braves et intrépides soldats.

Tant de courage et d'héroïsme ne devaient
pas trouver grâce devant celui qui dispose à
son gré de la vie et de la mort des hommes ;
il fallait qu'une victime innocente s'ajoutât à
tant d'autres pour servir d'expiation et de
sacrifice. Près d'Edmond, vers trois heures de
l'après-midi, tombe mortellement blessé, le
lieutenant Parent, de Lannoy; le malheureux
officier sur le point de rendre le dernier
soupir jette un suprême appel à son sergent et
le supplie de le porter à l'ambulance. Edmond,
n'écoutant que son grand cœur, se précipite
vers le lieutenant et le porte quelques pas,
malgré les obus qui sifflent et la mitraille qui

vole, quand une balle meurtrière le frappe à la machoire gauche, pénétre jusques dans le cou et lui brise l'artère carotide. L'infortuné tombe sur le·lieutenant Parent et expire!..... en accomplissant un acte héroïque de charité et de dévouement chrétiens ! !

Il est là... couché sur le champ de bataille ..... que déserte bientôt l'armée française battant en retraite; l'ennemi s'avance, entourant St-Quentin d'un cercle de fer et de feu. Et pendant cette soirée terrible, lorsque la nuit commençait à étendre son voile sombre sur le champ de carnage, on vit des hommes indignes de ce nom, fouiller, vautours rapaces, les vêtements des pauvres morts et s'emparer de leurs tristes dépouilles. C'est ainsi que le lendemain, les habitants de Dallon, près St-Quentin, trouvèrent le pauvre Edmond, gisant demi-nu, n'ayant même plus une marque distinctive qui pût le faire reconnaître; aussi fut-il enseveli au milieu d'un champ, dans la fosse commune, avec soixante-seize compagnons de sépulture.

Et, tandis que s'accomplissait ce sanglant sacrifice, la famille d'Edmond, inquiète, sans doute, mais, pleine de confiance en la divine providence, se livrait à l'espoir de le revoir bientôt. Le samedi seulement parvinrent à Roubaix quelques rares nouvelles sur le combat et sur ceux qui y avaient pris part. Elles étaient d'abord vagues et sans précision en ce qui regardait notre malheureux ami ; chacun, pourtant, s'accordait à dire que le sergent Lemerre avait été tout au moins grièvement blessé, puisque frappé d'une balle, pendant l'action, il était resté sans mouvement sur le terrain.

Il faut renoncer à décrire la douleur des parents d'Edmond quand la sinistre nouvelle, qu'on ne pouvait longtemps leur cacher, arriva jusqu'à eux; ils ne savaient pas toute la vérité, puisque les renseignemeuts étaient vagues; mais, leurs cœurs brisés et meurtris semblaient la pressentir. Malgré les obstacles, malgré les dangers de toute espèce, malgré les Prussiens, qui s'avançaient vers le Nord à marches forcées, ils voulaient tous deux voler à la recherche de leur fils bien-aimé lui prodiguer leurs soins, s'il n'était que blessé, et le revoir une dernière fois, si la mort l'avait déjà couché dans la tombe. Il fallut des prières et des supplications pour les détourner de ce projet, héroïque, sans doute, mais impraticable dans l'état d'abattement et de prostration ou les avait plongés la fatale nouvelle.

L'amitié d'ailleurs avait déjà rempli son devoir; par toutes les voies possibles, des parents ou des amis du cher Edmond s'efforçaient de percer les lignes prussiennes pour parvenir à St-Quentin.

Après avoir surmonté de grands obstacles, subi des fatigues extrêmes, affronté bien des dangers, un parent, puis un ami arrivent enfin au but tant désiré; ils parcourent fiévreusement les diverses ambulances de la ville, interrogeant les moindres indices, s'accrochant avec anxiété à la plus petite lueur d'espoir. Mais, les jours s'écoulent, et l'avenir reste sombre, et quand, par moment, il semble s'éclaircir, c'est pour retomber bientôt dans la nuit la plus profonde. Il faut enfin se rendre à la poignante réalité : puisqu'il n'est pas au nombre des vivants, il ne reste plus qu'à chercher.... parmi les morts !

C'est le dimanche, 29 janvier. au village de Dallon, dix jours après la funeste bataille, qu'un ami retrouve le cher et malheureux Edmond, endormi de son dernier sommeil, dans un sillon ignoré, partageant cette couche funèbre avec soixante-seize compagnons de sépulture, tant Français que Prussiens : amis et ennemis, la mort les avait tous réunis dans une froide et commune étreinte.

Il dort....sur cette terre, témoin de ses exploits, les traits souriants et reposés, le corps intact et sans la moindre trace de corruption ; la mort a respecté sa précieuse dépouille, et seul, au milieu de cadavres hideux et décomposés, il reste entier et resplendissant de calme et de sérénité. Les habitants de Dallon ne peuvent s'empêcher de s'écrier, en contemplant le glorieux martyr : « C'était un jeune homme qui devait mener une vie pure et chaste. » Ces quelques mots, sortis de la bouche de simples paysans, sont le plus bel éloge de ton existence si noblement remplie, o cher Edmond ; loin de suivre l'exemple de tant de jeunes-gens vieillis avant l'âge, tu tenais à honneur de conserver pur et innocent ton cœur si généreux et si dévoué, et le bon Dieu t'en a récompensé en préservant ton chaste corps de la souillure et de la corruption du tombeau.

De nombreux amis vinrent contempler la dépouille mortelle du valeureux soldat, quand elle eut été transportée à Roubaix, et une foule sympathique et recueillie l'accompagna à sa dernière demeure.

Il est une partie plus intime de la vie

d'Edmond que nous avons laissée dans une ombre discrète, sachant combien il est délicat de soulever le voile sous lequel la foi abrite et enveloppe les croyants, nous voulons parler de la piété sincère qui animait le cœur de notre ami et qui lui avait permis de traverser pension, collége, milieux et temps de toutes sortes, sans jamais y altérer la blancheur de son innocence. Et pourtant il ne doit pas nous être interdit, à nous qui professions pour lui une amitié que la mort a changée en culte, de révéler la piété, presque la sainteté de son âme profondément chrétienne, et la charité si tendre et si dévouée qu'il ressentait pour les pauvres.

Et si nous compatissons de tout cœur à votre profonde et si légitime douleur, parents d'Edmond, si nous la partageons bien vivement, nous ne pouvons nous empêcher de vous féliciter d'avoir donné un martyr à la patrie terrestre et un nouveau citoyen à la patrie céleste. On ne saurait en douter, puisque votre Edmond est mort sous les livrées de

la reine des cieux ; nous conservons encore
l'émotion profonde que nous avons éprouvée
en portant à nos lèvres son béni scapulaire et
ce seul souvenir nous arrache encore des larmes de pieuse et sympathique admiration.

Et, nous, ses amis, les témoins de sa belle
vie et de son admirable mort, conservons-en
toujours le souvenir ; sachons comme lui
sacrifier au devoir et à l'honneur, nos espérances, nos affections, notre existence, et pour
arriver à ce but suprême, prions le glorieux
martyr d'intercéder pour nous dans la patrie
céleste dont il nous a montré le chemin, par
ses vertus et par son exemple !

IMP. J. REBOUX, ROUBAIX.